Entwicklungspsychologie für Eltern

Wie Sie das Verhalten und Erleben Ihres Kindes leicht verstehen und es auf dem Weg vom Säugling bis zum Erwachsenen ideal begleiten

Mareike Lohfink

INHALT

Das erwartet Sie in diesem Ratgeber

Entwicklungspsychologie – klingt kompliziert und für den Alltag irrelevant, ist es aber nicht. Im Gegenteil, wenn Sie sich mit den verschiedenen Phasen der psychischen Entwicklung von Kindern und Jugendlichen auseinandersetzen werden, werden Sie viele Prozesse des Erwachsenwerdens besser verstehen. Sie werden Aha-Momente erleben, wenn Sie an Ihr eigenes Heranwachsen denken, aber auch verstehen können, wieso Ihre eigenen Kinder bzw. Kinder in Ihrem Umfeld sich so verhalten, wie sie es tun.

Entwicklungspsychologie ist also für eigentlich jeden interessant. In diesem Ratgeber werden Sie die verschiedenen Entwicklungsphasen, vom Säugling bis zum Erwachsenen, verstehen und kennenlernen.

Wir werden gemeinsam die Grundlagen von entwicklungspsychologischen Modellen erarbeiten, die theoretischen Grundlagen werden nicht zu kurz kommen und es Ihnen so ermöglichen, ein fundiertes Fachwissen aufzubauen.

Aber machen Sie sich keine Sorgen: Alles wird anschaulich erklärt und ist in lockerer Sprache geschrieben worden. Die kurzen Kapitel, die jeweils mit knackigen Überschriften verraten, worum es geht, werden Ihnen sicherlich gefallen!

Das Besondere an diesem Ratgeber: Sie werden eine Übersicht der Entwicklungsstufen an die Hand bekommen und zusätzlich praxisnahe Tipps, wie Sie ein Kind in der jeweiligen Stufe am besten unterstützen können. Dieser Ratgeber ist aber nicht nur für Menschen im Umgang mit Kindern interessant: Die Erkenntnisse der Entwicklungspsychologie sind auch für Erwachsene relevant, da die Auswirkungen von Entwicklungen in der Kindheit das ganze Leben lang spürbar sein können.

Dieser Ratgeber soll Sie außerdem darin bestärken, als Eltern eine gewisse Gelassenheit zu entwickeln und auf sich und Ihr Kind vertrauen zu können: Sie werden erfahren, dass Sie Ihrem Sohn oder Ihrer Tochter zwar optimale Startbedingungen für ein glückliches Leben ermöglichen können, jedoch nicht alles selbst in der Hand haben, was ihn oder sie betrifft. Ich hoffe, Sie auf dem Weg mit mehr Selbstbewusstsein und Gelassenheit in der Erziehung begleiten zu können. Mit dem wissenschaftlichen Hintergrund, den Sie hier erfahren werden, wird Ihnen Erziehung wesentlich leichter fallen.

Seien Sie gespannt und kommen Sie mit auf eine interessante Entdeckungsreise in den menschlichen Geist!

MAREIKE LOHFINK

Entwicklungspsychologie verstehen

WAS VERSTEHT MAN UNTER ENTWICKLUNGSPSYCHOLOGIE?

Das Wort Psychologie stammt aus dem Griechischen und bedeutet im übertragenen Sinne „Wissenschaft von der Seele". Die Psychologie erklärt – grob gesagt – menschliches Verhalten und Erleben.

Der Teilbereich der Entwicklungspsychologie beschäftigt sich mit zeitlich überdauernden, aufeinander aufbauenden Veränderungen menschlichen Erlebens und Verhaltens über die gesamte Lebensspanne.

WOFÜR IST ENTWICKLUNGSPSYCHOLOGIE IN MEINEM ALLTAG RELEVANT? WOBEI KANN SIE MIR HELFEN?

Die theoretischen Grundlagen der Entwicklungspsychologie können im „echten Leben" zu vielen Verbesserungen führen. Ein Beispiel: Kinder in der ersten Klasse werden komplett anders unterrichtet als Abiturienten in der Prüfungsvorbereitung. Woran liegt das? Genau, an ihren unterschiedlichen Entwicklungsständen.

Diese verschiedenen Entwicklungsstände sorgen für unterschiedliche Anforderungen im Alltag. Sie stimmen bestimmt zu, wenn ich schreibe, dass Sie mit einem weinenden Säugling anders umgehen würden als mit einem weinenden Teenager.

Die Erkenntnisse der Entwicklungspsychologie sind also für sehr viele Menschen relevant. Sei es für Eltern, die optimal auf ihre Kinder eingehen wollen, oder Menschen, die im beruflichen Kontext oder in der Freizeit mit Heranwachsenden zu tun haben.

MAREIKE LOHFINK

PHASEN IN DER ENTWICKLUNGSPSYCHOLOGIE – WAS IST DAS?

In der Entwicklungspsychologie wird die menschliche Lebensspanne in verschiedene Phasen unterteilt. Es gibt viele verschiedene Ansätze, wie genau diese Phasen voneinander abgegrenzt werden. Diese Ansätze unterscheiden sich teilweise erheblich in mehreren Punkten.

Die wichtigsten „Streitpunkte" zwischen den Ansätzen sind die Fragen, ob die kognitive Entwicklung ein kontinuierlicher Prozess ist oder ob er in Stufen erfolgt, ob der Verlauf der Entwicklungsphasen bei allen Menschen gleich abläuft, und zu guter Letzt die Frage, ob die menschliche Entwicklung bereits in unseren Genen festgeschrieben ist oder ob die Erziehung nicht doch einen größeren Einfluss auf sie hat.

Alle Ansätze und Modelle der Entwicklungspsychologie vorzustellen, würde den Rahmen dieses Sachbuchs sprengen, es werden daher nur die bekanntesten Modelle vorgestellt, damit Sie einen guten Überblick bekommen und sich Ihre eigene Meinung bilden können.

Modelle in der Entwicklungspsychologie – Ein Überblick über die beiden bekanntesten Theorien

DAS STUFENMODELL DER PSYCHOSOZIALEN ENTWICKLUNG NACH ERIKSON

Dieses Modell wurde durch den deutsch-amerikanischen Psychologen Erik Erikson, der von 1902 bis 1994 gelebt hat, entwickelt. In diesem Modell baut Erikson auf Erkenntnissen des wohl berühmtesten Psychologen der Welt, Sigmund Freud, auf. Erikson stellt in seinem Modell fest, dass Kinder sich dadurch entwickeln, dass ihre Umwelt permanent neue Anforderungen an sie stellt. So ist er Vertreter der Überzeugung, dass die Umwelt und die Erziehung eine stärkere Auswirkung auf die Entwicklung der Psyche haben als die genetische Veranlagung.

Der Forscher unterteilt in seinem Modell die psychosoziale Entwicklung in acht verschiedene Stufen:

1. Ur-Vertrauen vs. Ur-Misstrauen (0 – 1 Jahre)
2. Autonomie vs. Scham (1 – 3 Jahre)
3. Initiative vs. Schuldgefühl (3 – 6 Jahre)
4. Leistung vs. Minderwertigkeitsgefühl (6 Jahre – Pubertät)
5. Identitätsdiffusion (Adoleszenz)
6. Intimität vs. Isolation (19. – 30. Lebensjahr)
7. Generativität vs. Stagnation (31. bis 65. Lebensjahr)
8. Integrität vs. Verzweiflung (65. Lebensjahr bis zum Tod)

Für das Verständnis von Eriksons Modell ist es wichtig, dass jede dieser Stufen stellvertretend für ein Problem bzw. eine Krise steht. Jede Stufe hat folglich das Ziel, ein Problem zu lösen, um die nächste Stufe erreichen zu können. Die Reihenfolge der Stufen ist universell, also bei jedem Menschen gleich, und unumkehrbar. Wurde das Ziel einer Stufe erreicht, folgt automatisch die nächste Stufe und eine Rückkehr auf eine der vorangehenden Stufen ist nicht mehr möglich. Durch das erfolgreiche Durchlaufen einer Stufe erwirbt der Mensch also Fähigkeiten, die er in seinem weiteren Leben zwingend benötigt.

Im folgenden Abschnitt werden die acht Phasen genauer vorgestellt und erklärt. Im Anschluss an jede dieser Stufen gibt es ein negatives und ein positives Beispiel, wie diese Stufe sich auf den Entwicklungsprozess ausübt. Diese Beispiele sind teilweise überspitzt und vereinfacht dargestellt, was das Verständnis erleichtern soll. Ich merke hier explizit an, dass Eriksons Modell ist, was der Name bereits andeutet: ein Modell. Modelle weisen Schwächen auf, vereinfachen Sachverhalte und lassen wichtige Faktoren außen vor. Die Modelle, die nach Eriksons Stufenmodell der psychosozialen Entwicklung vorgestellt werden, weisen diese Eigenschaften auch auf. Auf die Frage, welches Modell am besten ist bzw. ob man überhaupt ein Modell als „das beste" bezeichnen kann, werden wir später im Ratgeber noch eingehen.

1. Ur-Vertrauen vs. Ur-Misstrauen (0 – 1 Jahre)
Diese Entwicklungsstufe steht unter dem Leitsatz *„Ich bin, was man mir gibt."* In dieser Phase steht im Vordergrund, dass die körperlichen und seelischen

Bedürfnisse des Säuglings erfüllt werden. Wenn die Bezugspersonen dem Kind Nahrung, Nähe, Geborgenheit und Sicherheit geben, lernt es, seinem Umfeld zu vertrauen. Die sog. Krise in dieser Entwicklungsstufe besteht darin, dass die Eltern, egal, wie sehr sie ihr Kind lieben und sich um es kümmern, dennoch nicht alles perfekt machen und sich auch anderen Dingen widmen müssen, also nicht immer sofort auf die Bedürfnisse des Kindes eingehen können. In dieser Entwicklungsstufe müssen positive wie auch negative Erfahrungen durchlebt werden, also Erfahrungen des Vertrauens und des Misstrauens. Damit das Kind sich in psychischer Hinsicht gesund entwickeln kann, ist es wichtig, dass die positiven Erfahrungen, also das Vertrauen, überwiegen.

Beispiele für die Phase:
Das Baby weint, weil es Hunger hat, und die Eltern geben ihm eine Flasche bzw. die Mutter stillt es. Durch diese Erfahrung lernt das Kind, dass es sich auf seine Umwelt verlassen kann.

Das Baby weint, weil es sich einsam fühlt und niemand reagiert. Durch diese Erfahrung lernt das Kind, dass es auf sich allein gestellt ist und sich nicht auf seine Umwelt verlassen kann.

2. Autonomie vs. Scham (1 – 3 Jahre)

Diese Entwicklungsstufe steht unter dem Leitsatz *„Ich bin, was ich will."* In dieser Phase erlernen Kleinkinder unter anderem das Laufen und entwickeln damit Autonomie: Sie können selbst entscheiden, wohin sie sich bewegen und auch selbstständig wieder zurückkommen. Auch dadurch, dass der Prozess des Trockenwerdens in dieses Zeitfenster fällt, erlernen Kinder Selbstkontrolle und dadurch Autonomie.

Damit diese frühe Form der Autonomie und des eigenen Willens entstehen kann, ist die feste Bindung an und das Vertrauen in eine Bezugsperson wichtig. Dieses wurde, wie bereits erklärt, in der ersten Phase erlernt. In dieser zweiten Phase testet das Kind seine Grenzen aus, entdeckt seinen eigenen Willen und findet heraus, wie weit es gehen kann, ohne seine Bezugspersonen zu verlieren. Wenn dem Kleinkind in dieser Phase jedoch aufgezeigt wird, dass sein eigener Wille bzw. die Handlungen, die es ausübt, nicht richtig seien bzw. es von der oder den Bezugspersonen eingeschränkt wird, bekommt es das Gefühl, dass sein Wille und seine Wünsche etwas Schlechtes seien, und wird sie sein Leben lang infrage stellen. So können Verhaltensweisen wie Unsicherheit, Selbstzweifel und mangelndes Selbstwertgefühl entstehen.

Beispiele für die Phase:

Emma (18 Monate) reißt sich immer wieder von der Hand ihrer Mutter los und läuft weg. Damit Emma nicht auf die Straße rennt, läuft ihre Mutter hinter ihr her. Sie nimmt sie in den Arm, sagt ihr, dass sie das nicht tun soll, da auf der Straße gefährliche Autos sind, aber auch, dass sie Emma lieb hat. Emma lernt, dass sie nicht auf die Straße laufen soll, obwohl sie es könnte. Sie weiß, dass ihre Mutter immer für sie da ist, was auch immer sie tut, und entwickelt ein positives Selbstbild.

Max (20 Monate) interessiert sich sehr für die Topfpflanzen auf dem Fensterbrett im Wohnzimmer. Er betrachtet sie gern, nimmt sie aber auch in die Hand. Einmal fällt ihm dabei ein Topf herunter. Seine Mutter schimpft, gibt ihm einen Klaps und verbietet ihm von da an, sich mit den Pflanzen zu beschäftigen. Max lernt dadurch, dass sein Interesse an den Pflanzen falsch ist, stellt seinen eigenen Willen infrage, hat Angst, seine Bezugsperson zu verlieren und entwickelt ein negatives Selbstbild. Auch als Erwachsener traut er sich kaum, seinen Wünschen zu folgen.

3. Initiative vs. Schuldgefühl (3 – 6 Jahre)

Die dritte Entwicklungsstufe steht unter dem Leitsatz

„Ich bin, was ich mir vorstellen kann, zu werden." In dieser Stufe steht im Vordergrund, dass sich beim Kind eine gewisse Moral und ein Gewissen entwickelt. Während dieses Zeitfensters werden Kinder immer aktiver und selbstständiger, in unbeobachteten Momenten überschreiten sie auch bestimmte Grenzen, z. B. entdecken sie ihre kindliche Sexualität oder verstoßen gegen ihnen bekannte Regeln. Je nachdem, wie die Bezugspersonen mit diesen Situationen umgehen, entwickeln die Kinder Schuldgefühle und Rechts- bzw. Unrechtsempfinden.

Wenn Kindern immer wieder eingebläut wird, dass sie und ihre Handlungen oder Bedürfnisse schlecht seien, entwickeln sie die Vorstellung, selbst schlecht zu sein. Wenn ein Kind jedoch bei diesen Herausforderungen gut begleitet wird, entwickelt es einen stabilen moralischen Kompass und ein gesundes Selbstbild.

Beispiele für die dritte Phase:
Lea (4 Jahre) wird von ihren Eltern dabei ertappt, wie sie ihren eigenen Körper erkundet. Ihren Eltern ist die Situation sehr unangenehm und sie wissen nicht, wie sie damit umgehen sollen. In ihrer Überforderung werden die Eltern wütend, schreien ihr Kind an. Lea ist

komplett verängstigt, weint, bekommt Angst. Leas Neugierde ihrem Körper gegenüber sieht sie fortan als etwas Verwerfliches an. Auch als erwachsene Frau spiegelt sich das darin wider, dass sie ein gewisses sexuelles Verklemmt-Sein verspürt.

Jan (5 Jahre) war mit seinem Opa zusammen im Supermarkt. Jan und sein Opa haben sich auf eine Regel geeinigt: Im Supermarkt darf Jan sich eine Süßigkeit aussuchen, er hat die freie Wahl, darf aber nur ein einziges Teil haben. Jan zeigt seinem Opa eine Tüte Gummibärchen, die auch im Einkaufswagen landet. Als Jans Opa nicht hinguckt, lässt Jan schnell eine Tafel Schokolade in seine Jackentasche wandern. Er weiß, dass er nur ein Teil haben darf, aber das hier bekommt ja sicherlich niemand mit. Auf dem Rückweg fragt Opa Jan, was er denn da in seiner Jackentasche stecken habe. Jan ist beschämt, zeigt seinem Opa dann aber die Schokolade. Jans Opa verlangt, dass Jan mit ihm zurück in den Laden geht, die Schokolade zurückgibt und sich entschuldigt. Im Laden hält der Filialleiter Jan eine Standpauke, erklärt ihm, dass ein Diebstahl etwas Schlechtes ist, dass er seine Mitarbeiter dann nicht mehr bezahlen kann und dass er so etwas nicht mehr tun soll. Jan weint, versteht aber die Argumente. Am Ende nimmt sein Opa ihn in den Arm. Jan lernt, dass er nicht stehlen darf, versteht, wieso er es nicht darf, und wird es in Zukunft nicht mehr tun. Da er jedoch auch die Begründung verstanden hat, entwickelt sich ein stabiler moralischer Kompass und Jan bekommt ein gesundes Selbstvertrauen.

4. Leistung vs. Minderwertigkeitsgefühl

(6 Jahre – Pubertät)

Die vierte Entwicklungsstufe steht unter dem Motto *„Ich bin, was ich lerne."* In diesem Zeitfenster, das mit dem Schulbeginn anfängt, wollen Kinder Anerkennung für ihre Leistungen erhalten. Kinder wollen lernen, entdecken, mitmachen, mit anderen Kindern und Erwachsenen zusammenarbeiten und am Ende ein Ergebnis erhalten.

Der zentrale Konflikt in dieser Phase ist, dass sich bei den Kindern ein gesundes Leistungsgefühl entwickelt. Wenn Kinder über- oder unterfordert werden, können Versagensängste entstehen, die ein negatives Selbstwertgefühl zur Folge haben können. Überforderte Kinder neigen dazu, häufig an ihren Aufgaben zu scheitern, unterforderte Kinder entwickeln Minderwertigkeitskomplexe und versuchen durch Überkompensation, Anerkennung zu erhalten.

Beispiele für die vierte Phase:

Sophie (7 Jahre) geht in die zweite Klasse und ist eine begabte Schülerin. Sie lernt schnell und gern. Da sie den geforderten Lernstoff deutlich schneller verinnerlicht als der Rest der Klasse, bekommt sie anspruchsvolle Zusatzaufgaben, die sie erledigen kann. So wird ihr nicht langweilig, sie kann ihre Konzentration weiter üben und geht zufrieden zur Schule. Sie hat Spaß am Lernen und ist ein selbstbewusstes und glückliches Kind.

Lena (7 Jahre) hat nicht so viel Glück mit ihrer Lehrerin. Lena ist Sophie sehr ähnlich, sie ist sehr begabt und hat viele Talente. Wenn sie ihre Aufgaben in der Schule schnell durchgearbeitet hat, bleibt sie nicht ruhig auf ihrem Platz sitzen, sondern lenkt die anderen Kinder ab, läuft durch die Gegend und stört. Ihr ist häufig sehr langweilig, deswegen verhält sie sich so auffällig. Leider wird sie durch ihre Lehrerin nicht gefordert und ist deshalb frustriert. Sie fühlt sich nicht wertgeschätzt und wird dieses Gefühl ihr Leben lang mit sich tragen.

5. Identität vs. Identitätsdiffusion (Adoleszenz)

Diese Stufe steht unter dem Leitsatz *„Ich bin, was ich bin."* Während der Pubertät ist die kritische

Entwicklungsaufgabe für den Heranwachsenden, eine eigene Identität zu bilden. Herauszufinden, wie das eigene Selbstbild aussieht, welche Werte und Normen man vertritt, wer man ist und wer man sein möchte, ist hier die zentrale Herausforderung.

Schafft der Jugendliche es nicht, seine soziale Rolle zu finden, führt dies zu Zurückweisung und zum Rückzug aus der Gesellschaft. Wenn der Jugendliche es hingegen schafft, seine soziale Rolle zu finden und sich in ihr wohlzufühlen, wird er ein zufriedenes Mitglied der Gesellschaft.

Beispiele für die vierte Entwicklungsstufe:

Tobias (17) weiß genau, was er will: Er weiß, welchen Studiengang er studieren möchte, hat Wertvorstellungen, mit denen er sich identifizieren kann, und ist stolz auf das, was er bisher erreicht hat. Seiner positiven Zukunft steht eigentlich nichts im Wege.

Tim (17) weiß überhaupt nicht, was er will. Er geht nur unregelmäßig zur Schule, ist schon zweimal sitzen geblieben. Er erhofft sich nichts von seinem Leben, er hat keine wirklichen Perspektiven. Er trifft sich ab und zu am Bahnhof mit Leuten, um Drogen zu nehmen. Er denkt in letzter Zeit immer öfter darüber nach, die Schule ganz bleiben zu lassen und stattdessen vom

Amt zu leben und nebenbei Drogen zu verkaufen. Von der Gesellschaft erwartet er keine Hilfe mehr, er wurde zu oft enttäuscht. Eigentlich ist ihm alles egal.

6. Intimität vs. Isolation (19. bis 30. Lebensjahr)

Diese Lebensphase könnte mit der Überschrift *„Ich bin, was ich liebe"* versehen werden. Wenn in der vorangegangenen Phase ein gesundes Selbstbild und eine Identität gefunden worden sind, können die jungen Erwachsenen in dieser Lebensphase ein gefestigtes soziales Netz aufbauen und sich fest mit einem Lebenspartner zusammenschließen. Wichtig in dieser Phase ist es, seinen Partner so zu akzeptieren, wie er ist, und Kompromissfähigkeit zu erlernen. Wenn dies nicht stattfindet, kann es passieren, dass der junge Mensch sich zunehmend isoliert.

Beispiele für die sechste Entwicklungsstufe:

Lisa (25) ist mit ihrem Partner sehr glücklich liiert. Natürlich gibt es ab und zu Stress und Streit in der Beziehung, aber damit kann sie leben und das gehört einfach dazu, wenn zwei Menschen zusammenleben. In letzter Zeit denken ihr Partner und sie immer häufiger über Hochzeit und Kinder nach. Lisa fühlt sich geborgen und plant ihre Zukunft mit ihrem zukünftigen Ehemann.

Daniel (27) hatte schon viele gescheiterte Beziehungen. Er hat sehr hohe Ansprüche, kann diese aber häufig selbst nicht bedienen. Er ist frustriert, fühlt sich einsam. Er würde sich gern fest binden, fühlt sich aber in Beziehungen häufig bedrängt und vermisst dann doch die Freiheit. Es tut ihm aber weh zu sehen, dass seine Studienkollegen immer häufiger bei Instagram Hochzeits- und Babyfotos teilen. Er würde auch so gern ...

7. Generativität vs. Stagnation (31. bis 65. Lebensjahr)

Diese Phase trägt die Überschrift *„Ich bin, was ich bereit bin zu geben."* und hat als kritischen Konflikt die Frage, ob man für sich selbst lebt bzw. sich nur um sich selbst kümmert (Stagnation) oder ob man sich in die Gesellschaft einbringt und engagiert oder eigene Kinder großzieht (Generativität). Eine zu hohe Generativität kann zur Vernachlässigung der eigenen Wünsche führen, Stagnation kann zur Ablehnung der oder durch die Gesellschaft führen.

Beispiele für die siebte Stufe:

Birgit (50) hat sich die letzten 20 Jahre nur um ihre Kinder und ihren Ehemann gekümmert. Sie war überall, wo sie gebraucht wurde: Sei es auf dem Kuchenbasar vom Förderverein der Grundschule oder im Kirchenvorstand. Auf Birgit war stets Verlass. Jetzt sind die Kinder aus dem Haus und Birgit fühlt nur noch eine große Leere. Was soll sie mit ihrem restlichen Leben anfangen? Wie kann sie ihr eigenes Glück wiederfinden?

Dieter (55) ist schon lange geschieden, hat vor einigen Jahren seinen Arbeitsplatz verloren und kommt nicht mehr auf die Beine. Niemand braucht ihn, niemand ist für ihn da. Was soll das Leben eigentlich noch? Er hat eh nichts mehr zu erwarten. Die Gesellschaft kann ihn mal kreuzweise.

8. Integrität vs. Verzweiflung (65 bis zum Tod)

„Ich bin, was ich mir angeeignet habe." So könnte die Überschrift für diese letzte entwicklungspsychologische Phase des Lebens aussehen. Die Zufriedenheit in diesem letzten Lebensabschnitt hängt maßgeblich davon ab, ob man zufrieden oder unzufrieden auf das bisherige Leben zurückblickt. Wenn man stolz ist auf das, was man bisher geschafft hat, schafft man es im Regelfall auch, seinen Lebensabend zu genießen. Zweifelt man jedoch an seinen bisherigen Entscheidungen und bereut diese, wächst die eigene Unzufriedenheit von Tag zu Tag.

Beispiele für die letzte Entwicklungsstufe:

Hans (80) hat erfolgreich ein Unternehmen aufgebaut und ist stolz auf alles, was er erreicht hat. Seine Kinder sind ihm gut gelungen, mit seiner Frau ist er auch noch glücklich. Er weiß, wenn er morgen sterben müsste, könnte er in Frieden aus dieser Welt gehen. Er vertraut darauf, dass er dann bei Gott glücklich sein und seine Eltern wiedersehen wird.

Klaus (80) hat sein Leben nicht so gelebt, wie er es wollte. Scheidung, Insolvenz, der ganze Rattenschwanz. Seine Kinder kommen ihn auch nicht mehr besuchen. Ach, hätte er damals nur Inge statt Renate geheiratet, sein Leben hätte viel besser ausgesehen. Wieso hat er seine Chancen nicht genutzt?

Dieser Abschnitt hat Eriksons Stufenmodell der psychosozialen Entwicklung kurz vorgestellt. In einem späteren Absatz soll diskutiert werden, welche Aspekte des Modells sinnvoll sind und welche keinerlei praktische Relevanz aufweisen.

Ich hoffe, dass die Beispiele, trotz teilweise überspitzter Darstellung, anschaulich waren und gut dargestellt haben, was Erikson aussagen wollte.

MAREIKE LOHFINK

DAS STUFENMODELL DER KOGNITIVEN ENTWICKLUNG NACH PIAGET, EIN GEGENMODELL ZU ERIKSON

Das folgende Kapitel stellt das Stufenmodell der kognitiven Entwicklung vor, das von Jean Piaget, einem Biologen und Psychologen aus der Schweiz, der von 1986 bis 1980 gelebt hat, entwickelt worden ist.

Piaget baut sein gesamtes Konzept der Entwicklungsstufen grundsätzlich anders auf als Erikson. So geht Piaget von lediglich vier verschiedenen Entwicklungsphasen aus, die zwar hintereinander stattfinden und aufeinander aufbauen, jedoch fließend ineinander übergehen und nicht wie bei Erikson mit Erreichen einer bestimmten Aufgabe bzw. durch die Bewältigung einer bestimmten Krise hart voneinander abgegrenzt werden können. Genau wie Erikson geht Piaget auch davon aus, dass die Phasen bei jedem einzelnen Menschen in der gleichen Reihenfolge stattfinden.

Piaget unterscheidet zwischen den folgenden vier Phasen:

1. Sensomotorische Phase (0 – 1 Jahre)
2. Präoperationale Phase (2 – 6 Jahre)

3. Konkretoperationale Phase (6 – 11 Jahre)

4. Formaloperative Phase (11 – 14 Jahre)

Bei diesem kurzen Überblick fällt direkt auf, dass Piaget davon ausgeht, dass die psychosoziale Entwicklung bereits in der Pubertät abgeschlossen wird und nicht, dass diese Entwicklung während des gesamten Lebens vonstattengeht. Es wird also direkt deutlich, wie unterschiedlich Konzepte und Modelle in der Entwicklungspsychologie sein können. Wie bereits in einem vorhergehenden Absatz erklärt, haben alle Ansätze und Modelle gewisse Stärken und Schwächen. Auf diese Punkte soll in einem separaten Kapitel eingegangen werden, in diesem Kapitel sollen die verschiedenen Modelle lediglich vorgestellt werden.

Die Inhalte und Entwicklungen der vier Phasen werden nun kurz und anschaulich erklärt:

1. Sensomotorische Phase (0 – 1 Jahre)

Während dieser Phase verfügen Kinder hauptsächlich über angeborene Reflexe und lernen durch Beobachtung und Wiederholung von Prozessen und Abläufen. Im Vordergrund der kognitiven Entwicklung steht, dass Kinder die Welt durch ihre Sinneswahrnehmungen erkunden. Kinder erlernen außerdem, dass ihre Handlungen Konsequenzen haben, dass sie das Geschehen in der Welt beeinflussen können.

Auch, wenn dieser Lernprozess erst im Kleinen beginnt, z. B. dass das Kind merkt, dass sich Gegenstände, die es anfasst, bewegen, bildet er die Grundlage für alle weiteren kognitiven Lernprozesse. Weitere wichtige Erkenntnisse während dieser Entwicklungsphase sind die Unterscheidung und Abgrenzung zwischen dem Kind selbst und seiner Umwelt und gegen Ende der sensomotorischen Phase die Erkenntnis der Objektpermanenz. Objektpermanenz bedeutet, die Erkenntnis, dass Gegenstände und Personen, die wir nicht sehen können, dennoch weiterhin vorhanden sind und nicht aufhören zu existieren, nur weil wir sie nicht mehr wahrnehmen können. Das wichtigste Beispiel für Kinder in diesem Alter ist wahrscheinlich die Mutter. Auch, wenn sie gerade nicht zu sehen ist, lernen Kinder gegen Ende des ersten Lebensjahres, dass sie wiederkommen wird, wenn sie gerade nicht zu sehen ist.

2. Präoperationale Phase (1 – 6 Jahre)
Während dieser Phase steht der Spracherwerb des Kindes im Vordergrund und die Erkenntnis, dass Sprache

ein Werkzeug ist, mit dem es Einfluss auf die Welt nehmen kann. Durch den Spracherwerb lernt das Kind außerdem, Begriffe mit Objekten zu verknüpfen und diese mental zu verarbeiten. Dabei besteht der Denkprozess in erster Linie aus bildhaften Sinneseindrücken.

Ab dem vierten Geburtstag ändern sich die Denkprozesse des Kindes massiv: Ab diesem Alter sind Kinder in der Lage, abstrakter zu denken und Kausalzusammenhänge zu erkennen. Beispiel: Die Straße ist nass, es muss wohl geregnet haben.

3. Konkretoperationale Phase (6 – 11 Jahre)

In dieser Entwicklungsstufe steht die Entwicklung von logischem und rationalem Denken im Vordergrund. Kinder lernen zunehmend, verschiedene Gedanken- und Handlungsstränge miteinander zu verknüpfen und auch in unübersichtlichen Situationen den Überblick zu behalten. Dennoch ist abstraktes Denken in diesem Alter noch nicht möglich: Kinder schreiben Erklärungsmuster, die für sie selbst gelten, auch Gegenständen zu. Beispiel: Ich habe mich beim Inliner-Fahren verletzt, Inliner sind böse.

4. Formaloperative Phase (11 – 14 Jahre)

In der Pubertät erreicht der Heranwachsende die nach Piaget letzte Stufe der psychosozialen Entwicklung. Ab diesem Zeitpunkt ist abstraktes und logisches Denken möglich, wissenschaftliche Hypothesen können analysiert und durchdacht werden.

Mit Beginn dieser Phase ist es den Jugendlichen möglich, Probleme und Sachverhalte umfassend und von allen Seiten systematisch zu betrachten, einzuordnen, ihre Folgen für sich und ihre Umwelt abzuschätzen und auch zu bewältigen.

WIE AKTUELL SIND DIE THEORIEN VON ERIKSON UND PIAGET? KRITIK UND EINORDNUNG DER BESPROCHENEN MODELLE

Nach der etwas trockenen Theorie wollen wir in diesem Abschnitt darauf eingehen, was wir auch heute noch aus den Modellen von Erikson und Piaget lernen können und welche Denkanstöße sie uns geben. Aber auch, wo die Modelle Schwächen aufweisen und heute widerlegt sind.

Beginnen wir mit den Schwächen der Modelle: Wie bereits erklärt, haben Modelle generell das Problem, in gewissen Situationen allerdings den Vorteil, dass sie die Wirklichkeit stark vereinfach abbilden. Durch diese Vereinfachung gelingt es, Sachverhalte anschaulich und leicht verständlich abzubilden und einen guten Überblick zu geben. Der Nachteil ist jedoch, dass Sachverhalte auch zu stark vereinfach dargestellt werden können und so wichtige Faktoren außer Acht gelassen werden können. Wir können festhalten, dass die Welt nie so einfach und logisch aufgebaut ist, wie es in Modellen den Anschein erweckt.

In den beiden Modellen, die wir uns gemeinsam näher angeschaut haben, sind solche für die Vereinfachung weggelassenen Faktoren zum Beispiel, dass man nicht genau weiß, aus welchen Gründen ein Mensch keine stabile berufliche Karriere aufbauen kann. Erikson behauptet zwar, dass der Grund dafür ist, dass keine gefestigte soziale Rolle in der Pubertät gefunden worden ist, aber das ist doch sehr stark vereinfacht. Wenn der Berufseinstieg in einer wirtschaftlich schwierigen Phase erfolgt oder wenn man als Bewerber einfach Pech hat, können das ebenso gute Gründe für das Ausbleiben einer erfolgreichen Karriere sein.

Ein Kritikpunkt, den beide Modelle sich gefallen lassen müssen, ist die Fixierung auf die westlichen Kulturideale: Beide Autoren stammen aus westlich geprägten Ländern, Piaget war Schweizer, Erikson hatte deutsche und amerikanische Wurzeln. Die kulturelle Prägung, die beide Forscher hatten, hatte auch deutlichen Einfluss auf ihre Forschungsansätze und damit auch auf ihre Forschungsergebnisse und Publikationen. Als Beispiel betrachten wir hier einen Aspekt aus Eriksons Stufenmodell der psychosozialen Entwicklung: In der letzten Stufe von Eriksons Modell (Integrität vs. Verzweiflung) geht es grob gesagt darum, dass Menschen vor ihrem Tod resümieren, ob sie sich in ihrem Leben selbst verwirklichen konnten oder nicht. Haben Sie Entscheidungen getroffen, die Sie glücklich machen? Sind Sie die Person geworden, die Sie sein wollten? Solche Fragen und Gedanken sind typisch für die westlichen individualistisch geprägten Kulturen.

Kurzer Einschub: Was sind individualistisch geprägte Kulturen?

Individualistisch geprägte Kulturen sind vorwiegend in westlichen Ländern anzutreffen und haben das Merkmal, dass die Selbstverwirklichung und das Lebensglück des einzelnen Menschen das höchste Gut der Gesellschaft darstellen. Die Verflechtungen der Mitglieder der Gesellschaft untereinander sind eher lockerer Natur, die Menschen haben sich selbst im Fokus. Das Gegenteil dazu sind kollektivistisch geprägte

Kulturen, die sich eher im asiatischen Raum finden lassen. In diesen Gesellschaften steht das Wohl und der Zusammenhalt der Gemeinschaft im Vordergrund. Nicht die Selbstverwirklichung des einzelnen Menschen, sondern das Vorankommen und der Status der Gemeinschaft (z. B. der Familie, des Clans oder der Nation) stehen im Vordergrund.

Sie können sich sicherlich vorstellen, dass ein Mitglied einer kollektivistisch geprägten Kultur sich an seinem Lebensabend andere Fragen stellt als eines einer individualistisch geprägten Kultur. Bei der kollektivistisch geprägten Person würden eher Fragen wie *„Wie stolz kann meine Familie auf mich sein? Habe ich ihre Erwartungen erfüllt? Wie viel habe ich zum Gemeinwohl und dem Vorankommen meines Landes beigetragen?"* im Vordergrund stehen. Diese Fragen würden wahrscheinlich auch deutlich anders beantwortet und bewertet werden als die Fragen, die sich Menschen laut Eriksons Modell stellen sollten und damit auch zu einer anderen Einschätzung der Erfülltheit des eigenen Lebens führen.

Wir müssen also vorsichtig sein, wenn Piaget und Erikson schreiben, dass ihre Modelle universelle Gültigkeit haben. Vor allem in unserer immer weiter zusammenwachsenden Welt ist es wichtig, sich kulturelle Unterschiede bewusst zu machen. Erikson stellt mit seinem Modell die Behauptung auf, dass durch das Absolvieren einer Phase die nächste Phase in Angriff genommen werden kann. Dies ist inzwischen wissenschaftlich widerlegt: Entwicklungspsychologische Veränderungen gehen schleichend und fließend vor sich, ein abrupter Phasenwechsel entspricht schlicht nicht der Realität.

Eine andere aktuelle Erkenntnis ist die Tatsache, dass in der Entwicklung von Kindern viele Prozesse gleichzeitig ablaufen, aber in unterschiedlichen Geschwindigkeiten. Während das eine Kind körperlich und motorisch viel weiter entwickelt ist, ist ein anderes sprachlich schon deutlich weiter, aber auf motorischer Ebene noch etwas zurück. Jeder, der eigene Kinder hat, kennt dieses Phänomen. Von daher ist es sehr schwierig, die Entwicklungen in der Kindheit als feste Phasen mit exakt festgelegten Reihenfolgen und Abläufen festzulegen.

Das Modell von Jean Piaget geht davon aus, dass die psychosoziale und kognitive Entwicklung des Menschen in der Pubertät abgeschlossen wird. Je nachdem, wie alt Sie sind, können Sie diese Behauptung bereits selbst widerlegen. Denken Sie jetzt anders, als Sie es noch mit 14 Jahren getan haben? Haben Sie andere

Schwerpunkte in Ihrem Leben, andere Einstellungen und Werte? Sind Ihre Ziele andere geworden und nehmen Sie die Welt aus einer anderen Perspektive wahr? Wahrscheinlich schon, oder?

Die Behauptung, dass die Entwicklung der Psyche bereits in so jungen Jahren abgeschlossen ist, lässt sich kaum aufrechterhalten. Durch voranschreitendes Lebensalter und immer mehr Lebenserfahrung ändern sich unsere Einstellungen und Denkmuster, durch Veränderungen in unserer Lebenssituation ändern sich die Schwerpunkte unserer Lebensplanung und die Dinge, mit denen wir uns gedanklich befassen. Wir blicken mit mehr Ruhe und Weitsicht auf Dinge. Sagen wir so, es gibt Gründe, weshalb bestimmte politische Ämter ein Mindestalter aufweisen, so muss ein Bewerber für das Amt des Bundespräsidenten mindestens 40 Jahre alt sein.

Doch Piaget unterschätzt nicht nur die psychischen Entwicklungen und Veränderungen während des Erwachsenenalters, er unterschätzt auch das Tempo der Entwicklungen bei Säuglingen und Kleinkindern, so gilt es als erwiesen, dass erste Ansätze von abstraktem Denken bereits vor dem sechsten Geburtstag möglich sind. Auch die Denkprozesse während des ersten Lebensjahres werden von ihm unterschätzt: In dieser Zeit ist ein Baby nicht nur von seinen Reflexen gesteuert, die ersten bewussten Entscheidungen werden bereits gefällt.

So weit, so gut, kommen wir zu den Punkten, die dafür sorgen, dass die Modelle von Erikson und Piaget immer noch relevant sind und wir auch für den Alltag einen Nutzen aus ihnen ziehen können:

Wichtig ist in erster Linie die Erkenntnis, dass die psychosoziale Entwicklung von Menschen überhaupt stattfindet. Es gibt Unterschiede in den Denkprozessen von Säuglingen, Kleinkindern, Kindern und Heranwachsenden, ja, sogar während der gesamten Lebensspanne. Diese Erkenntnis mag banal klingen, ist sie aber nicht. Bis Mitte des 20. Jahrhunderts wurden kleine Kinder häufig wie Erwachsene im Miniaturformat behandelt. Pädagogisch wertvoll war das nicht und auch nicht sonderlich kindgerecht. Durch diese Erkenntnis ist es erst möglich, Erziehung, Angebote wie Unterricht oder Förderprogramme auf Kinder zuzuschneiden und auch an Erwachsene in verschiedenen Lebensphasen anzupassen. Auf diesen Aspekt werden wir im späteren Abschnitt, der sich mit praktischen Tipps beschäftigt, näher eingehen.

Eriksons These, dass während der Entwicklungsstufen jeweils zentrale Probleme bzw. Konflikte gelöst werden müssen, bietet interessante Anknüpfungspunkte: Durch diese Vorstellung wird das Augenmerk darauf gelenkt, welche Schwierigkeiten es in den jeweiligen Lebensphasen gibt und worauf Eltern ein besonderes Augenmerk legen müssen. Auch hierzu später mehr im Praxisteil, seien Sie gespannt!

Die Erkenntnis von Piaget und Erikson, dass Situationen und Gegebenheiten aus unserer frühen Kindheit unser gesamtes Leben prägen können, ist ebenso relevant. Vielleicht stehen Sie häufiger vor Problemen, die durch Probleme in Ihrer Kindheit entstanden sind, z. B. Bindungs- oder Versagensängste? Auch hier ist die praktische Relevanz der Modelle gegeben und wird von uns im Kapitel „Krisen besser meistern" behandelt werden.

Ich hoffe, dass dieses Kapitel Ihnen trotz der Theorielastigkeit gefallen hat. Keine Sorge, der trockene Stoff ist für diesen Ratgeber jetzt abgehakt. Machen Sie eine kurze Pause, kochen Sie einen Tee und holen sich Kekse und weiter geht es mit einem spannenden wissenschaftlichen Diskurs und anschließend mit dem Praxisteil. Auf viele lehrreiche Erkenntnisse und spannende Unterhaltung!

Wie werden wir, was wir sind? Die Anlage-Umwelt-Debatte und ihre Auswirkungen

DIE ANLAGE-WAS-DEBATTE? KURZE DEFINITION DES BEGRIFFS

In den bisher besprochenen Theorien wurde das Thema der Anlage-Umwelt-Debatte bereits kurz angerissen, es ist aber eigentlich viel zu spannend, um ihm nicht ein eigenes Kapitel zu widmen.

Lassen Sie uns zu Beginn erst einmal klären, was es mit dieser Debatte auf sich hat. Schauen wir, was der Begriff an sich bereits aussagt: Mit „Anlage" ist hier die genetische Veranlagung gemeint, also unsere angeborenen Eigenschaften, die wir von unseren Eltern vererbt bekommen haben. Wir können diese genetischen Eigenschaften nicht beeinflussen oder ändern. Sie sind, wie sie sind. Im Gegensatz dazu steht die „Umwelt". Umwelt bedeutet in diesem Zusammenhang das Umfeld, in dem Kinder aufwachsen, Menschen ihr Leben verbringen. Die Einflüsse, denen wir tagtäglich ausgesetzt sind und die sich bei jedem von uns unterscheiden.

Im Bereich der Entwicklungspsychologie ist konkret auch immer wieder die Erziehung gemeint. Wie haben unsere Eltern uns aufgezogen? Welche Erfahrungen haben uns in der Kindheit geprägt? Wurden wir von unseren Eltern besonders gefördert? Welche Leitsätze und Werte wurden uns mitgegeben? Der letzte Wortteil „Debatte" weist darauf hin, dass das gesamte Thema sehr kontrovers ist. Über Jahrzehnte wurde intensiv gestritten und debattiert und selbst heute noch wirft das Thema viele Fragen auf.

Die zentrale Frage ist also, welcher Faktor einen größeren Anteil an unserer Entwicklung ausmacht:

unsere Gene oder unsere Erziehung. Diese Frage führt aber noch weiter: Können wir beeinflussen, wer wir sind und was wir werden? Oder: Sind wir schuld an den schulischen Problemen unseres Kindes? Ist der aggressive Charakter eines Patienten angeboren oder ist er Produkt von schwierigen Lebensumständen? Lohnt es sich, die Intelligenz eines Kindes gezielt zu fördern oder ist schon alles in den Genen festgeschrieben? Spannende Fragen.

Schauen wir uns in den nächsten Abschnitten doch genauer an, was es mit der Anlage-Umwelt-Debatte auf sich hat!

WARUM GENAU JETZT? WAS DAS THEMA FÜR EINE RELEVANZ FÜR DIE ENTWICKLUNGS-PSYCHOLOGIE HAT

Sie fragen sich jetzt wahrscheinlich, warum genau dieses Thema so einen großen Anteil an dem vorliegenden Ratgeber hat. Wir haben schließlich schon einige Modelle der Entwicklungspsychologie besprochen und Sie sind schon sehr gespannt auf die Praxistipps im letzten Teil des Ratgebers. Die Antwort ist ganz einfach: Die Anlage-Umwelt-Debatte ist eigentlich die

Schlüsselfrage in der Entwicklungspsychologie. Können wir beeinflussen, wer und wie wir werden? Wenn nicht: Hat es dann überhaupt einen Zweck, sich eingehend mit der Entwicklungspsychologie zu beschäftigen? Es würde sich nicht lohnen, die Prozesse in der menschlichen Psyche zu verstehen, wenn wir sie so oder so nicht beeinflussen könnten. Oder?

Wir sind also bei einer wichtigen Grundfrage in der Entwicklungspsychologie angelangt. Ohne diese Debatte zu verstehen und ihre wichtigsten Argumente gehört zu haben, sind darauf aufbauende Diskussionen und Erkenntnisgewinne kaum möglich. Indem wir verstehen, ob, wie und in welchem Umfang die Umwelteinflüsse die Entwicklung von Kindern beeinflussen, verstehen wir, wie wir diese Einflüsse nutzen und optimieren können. Das Verständnis dieser Debatte hilft uns also dabei, zu verstehen, wie wir unseren Kindern die bestmöglichen Ressourcen mit auf den Weg geben können. Aber auch dabei, zu verstehen, warum wir so sind, wie wir als Erwachsene nun einmal sind.

MAREIKE LOHFINK

WER HAT WAS, WANN, WARUM GETAN? EINE KURZE GESCHICHTE DER ANLAGE-UMWELT-DEBATTE

Bereits seit der Antike machen Menschen sich darüber Gedanken, welchen Einfluss Vererbung auf die Eigenschaften des Menschen hat. Zu dieser Zeit waren die Überlegungen eher rudimentärer Natur, waren die Mechanismen der Vererbung noch unbekannt. Die antiken Ägypter jedenfalls begannen schon zwischen Natur und Kultur zu unterscheiden. Natur war hierbei alles durch den Menschen unbeeinflusste, Kultur das durch den Menschen beeinflusste.

Zu Beginn der Neuzeit nahmen einige europäische Philosophen sich erneut der Thematik an, Konzepte wie das der „angeborenen Ideen" des Franzosen René Descartes wurden entwickelt. Dieser geht in seiner Theorie davon aus, dass bestimmte Eigenschaften des Menschen von vornherein festgelegt sind. Doch schon zu dieser frühen Zeit fällt auf, dass es keinen wissenschaftlichen Konsens gibt: Etwa zur gleichen Zeit entwickelte der britische Arzt und Philosoph John Locke die Idee des „unbeschriebenen Blattes". Er ging davon aus, dass Säuglinge mit einer Seele, die einem weißen, unbeschriebenen Blatt gleiche, auf die Welt kommen. Wissenschaftler wie Locke, die davon ausgehen, dass die menschliche Psyche in erster Linie bzw. ausschließlich durch ihre Umwelt beeinflusst wird, werden auch *Environmentalisten* genannt. Dieser Begriff ist für Sie nicht überlebensnotwendig, aber es kann ja nützlich sein, ihn schon einmal gehört zu haben. Quasi Wissen für Angeber.

Ab den 1750er-Jahren wurde der Debatte neuer Input gegeben: Die sogenannten „Wolfskinder", Kinder, die allein in der Natur aufgewachsen waren, rückten in den Fokus der Wissenschaftler. Welche Erkenntnisse konnten aus den Beobachtungen dieser Kinder, die ohne menschliche Kontakte großgezogen worden waren, gewonnen werden?

Diese Kinder waren überlebensfähig, jedoch durch ihr verwildertes Verhalten kaum in die menschliche Gesellschaft integrierbar. Die Erkenntnis war also, dass gewisse Basisinformationen bereits ab der Geburt in uns verankert sind, aber dennoch ein gewisser Anteil des Verhaltens durch Erziehung bzw. durch die Umwelt beeinflusst wird. Es wurde ein Meilenstein mit dieser Erkenntnis erreicht: Weder die Anlage noch die Umwelt allein ist für menschliches Verhalten zuständig. Beide Faktoren gemeinsam beeinflussen uns.

In der folgenden Zeit wurden, vor allem durch die Erkenntnisse des berühmten Charles Darwin, viele bahnbrechende Erkenntnisse gemacht. Wir überspringen diese Phase dennoch, da ansonsten der Rahmen dieses Ratgebers gesprengt werden würde.

Wir schauen uns nun die Zeit nach dem Zweiten Weltkrieg an: Als die beiden US-amerikanischen Molekularbiologen Francis Crick und James Watson 1953 die Doppelhelix-Struktur der DNA entschlüsselten, war dies der Startschuss für die moderne Genforschung. Diese bahnbrechende Entdeckung hat Forschung auf diesem Gebiet, wie wir sie heute kennen, überhaupt erst ermöglicht. In den darauffolgenden Jahren und Jahrzehnten wurde die Anlage-Umwelt-Debatte vor allem durch Zwillingsstudien weiter erforscht.

Zwillingsstudien sind Forschungsprojekte, in denen eineiige Zwillinge, die – wie Sie sicherlich wissen – das gleiche genetische Ausgangsmaterial haben, aber getrennt voneinander aufgewachsen sind, untersucht. Durch diese Faktoren ist es möglich herauszufinden, wie viel Einfluss die Erziehung und die Umwelt tatsächlich auf den Menschen haben, da die genetischen Voraussetzungen identisch sind.

In diesen Untersuchungen konnten (und können immer wieder) neue Erkenntnisse gewonnen werden.

Den aktuellen Forschungsstand werden wir im nächsten Abschnitt besprechen. Ich hoffe, dass Ihnen dieser kleine geschichtliche Exkurs gefallen und Ihnen vielleicht sogar neue Denkanstöße und neues Allgemeinwissen verschafft hat.

Bereit? Dann geht es jetzt los!

UND WAS SAGT DIE FORSCHUNG JETZT? AKTUELLER WISSENSSTAND IN DER ANLAGE-UMWELT-DEBATTE

Eine der am längsten laufenden Längsschnittstudien an eineiigen Zwillingen, die am Max-Planck-Institut in München durchgeführt wird, hat herausgefunden, dass geistige Fähigkeiten wie z. B. Intelligenz hauptsächlich genetisch verursacht werden. Zwischen 60 und 70 % der kognitiven Fähigkeiten beruhen laut dieser Studie auf unserem Erbgut.

Anders hingegen sieht es bei unseren Persönlichkeitseigenschaften wie z. B. Ängstlichkeit, Extraversion und Co. aus. Die fünf wesentlichen Charaktermerkmale des Menschen, die sogenannten „Big Five",

Offenheit für Erfahrungen, Gewissenhaftigkeit, Extraversion, Verträglichkeit und Neurotizismus, werden zu 60 bis 70 % von unserer Umwelt und unseren Erfahrungen beeinflusst. Auch unsere Wertvorstellungen, politischen Einstellungen und Lebensansichten werden durch unsere Umwelt maßgeblich geprägt.

Diese Ergebnisse bringen Licht ins Dunkel und sind sehr interessant, dennoch ist es wichtig, dass Sie nicht vergessen, dass die Studien zum Thema teilweise noch nicht abgeschlossen sind und dass es in diesem Forschungsfeld ständig neue Erkenntnisse gibt. Wer weiß, welche Erkenntnisse in zehn Jahren in diesem Absatz stehen würden?

WAS BEDEUTET DAS FÜR SIE PERSÖNLICH? WAS WIR AUS DEN ERKENNTNISSEN MITNEHMEN KÖNNEN

Wir haben eben gelernt, dass unsere psychischen Prozesse ein Zusammenspiel aus unseren genetischen Voraussetzungen und aus den Umwelteinflüssen, denen wir tagtäglich ausgesetzt sind, ist. Es gibt hier keine schwarz-weiße Antwort, beide Faktoren üben Einfluss auf uns aus. Interessant ist jedoch, dass unterschiedliche Eigenschaften unterschiedlich von den beiden Faktoren beeinflusst werden.

Wir müssen uns also verdeutlichen, dass wir verschiedene Eigenschaften unterschiedlich stark selbst beeinflussen können. Dies sollte uns vor allem im Umgang mit Kindern bewusst sein: Wir haben es selbst in der Hand, wie offen und aufgeschlossen unsere Kinder in die Welt hinausgehen, welche Werte, Normen und Vorstellungen wir ihnen mitgeben, welches Selbstbild sie haben. Natürlich können wir dies nicht zu 100 % beeinflussen, aber einen großen Anteil können wir doch wesentlich selbst bewegen.

Anders sieht dies bei kognitiven Fähigkeiten aus. Intelligenz und Begabungen sind zu einem großen Teil angeboren. Natürlich haben wir die Möglichkeit, unsere Kinder zu fördern, um ihnen einen bestmöglichen Start ins Leben zu ermöglichen. Dennoch sollte uns immer bewusst sein, dass wir aus dem unmusikalischen Kind, das einfach keine Lust hat, Geige zu lernen und das einfach keine Fortschritte beim Erlernen dieses Instrumentes macht, keinen kleinen Mozart machen können. Egal, wie sehr wir es uns wünschen, das Kind zu seinem Glück zu zwingen, ist praktisch unmöglich. Aber wer weiß, vielleicht stecken in diesem Kind andere Talente. Der nächste Usain Bolt eventuell?

Seien Sie gespannt, aber setzen Sie Ihr Kind niemals unter Druck und versuchen, es in eine bestimmte Richtung zu zwingen.

So viel zum groben Überblick, der nächste Abschnitt dieses Ratgebers ist der Praxisteil. Seien Sie gespannt, welche Erkenntnisse aus der Entwicklungspsychologie Sie wie in Ihrem Alltag anwenden können. Sei es in der Erziehung Ihrer Kinder oder um besser zu verstehen, welche Einflüsse Sie als Erwachsenen bis heute nachhaltig prägen.

Weiter geht´s!

Was können wir aus den Erkenntnissen der Entwicklungspsychologie lernen? Praktische Erziehungstipps für den Alltag mit Kindern jedes Alters

WAS FÜR TIPPS ERWARTEN MICH? EINE KURZE EINLEITUNG

In diesem Kapitel werden wir besprechen, was die Erkenntnisse der Entwicklungspsychologie konkret für unseren Alltag mit Kindern bedeuten. Wie können wir unsere eigenen und andere Kinder in unserem Umfeld bestmöglich dabei unterstützen, ihr Potenzial zu entfalten und ihre Fähigkeiten auszuschöpfen? Was können wir tun, damit sie zu starken Persönlichkeiten mit einem gesunden Selbstbewusstsein und zu zufriedenen und erfolgreichen Mitgliedern unserer Gesellschaft werden?

Ich hoffe sehr, dass Ihnen die nachfolgenden Tipps, Ideen und Denkanstöße dabei helfen werden, im Alltag mit Kindern zu bestehen und Ihnen mehr Selbstvertrauen in der Kindererziehung vermitteln können, da Sie wissen, dass Ihre Erziehungsentscheidungen wissenschaftlich fundiert und sinnvoll sind.

WAS KANN ICH SELBST BEEINFLUSSEN? EINFLÜSSE, DIE WIR SELBST BEEINFLUSSEN KÖNNEN, UND DIE, DENEN WIR GELASSEN ENTGEGENBLICKEN SOLLEN

Wir haben bisher gelernt, dass die Erfahrungen und das Umfeld unserer Kinder auch und vor allem seit der frühesten Kindheit ihren Charakter und damit ihr gesamtes weiteres Leben nachhaltig prägen. Wir haben auch erfahren, dass wir unseren Kindern zwar in

gewisser Hinsicht durch unsere Erziehung die bestmöglichen Startbedingungen ermöglichen können, jedoch nicht alles beeinflussen können, was unsere Kinder betrifft. So sind viele Talente und auch Schwächen
bereits in unseren Genen festgeschrieben und können
nicht geändert werden.

Doch nicht nur unser Erbgut ist ein Faktor, den
wir nicht beeinflussen können: Sie müssen sich auch
bewusst machen, dass nicht nur Sie einen Einfluss auf
Ihre Kinder haben, sondern auch viele andere Menschen, und dass es Umwelteinflüsse gibt, die Ihre Kinder beeinflussen können, ohne dass Sie etwas daran
ändern können. Ein Beispiel hierfür ist die Corona-
Krise: Noch weiß kein Wissenschaftler genau, welche
Auswirkungen die seltenen sozialen Kontakte, das er-
schwerte Lesen der Mimik durch häufiges Maskentra-
gen und die gesamte, häufig stressige Situation auf
Kinder und Heranwachsende langfristig haben wird.
Sie können diese Situation zwar so gut es geht zu bewältigen versuchen, Ihre Kinder jedoch nicht komplett
von den Einflüssen fernhalten. Sie werden auch keinen
Einfluss darauf haben können, welche Lehrer Ihr Kind
haben wird, welche Freunde es haben wird (zumindest
sollten Sie auch nicht versuchen, dies zu beeinflussen,
sonst sind Konflikte vorprogrammiert) oder welchen

Einflüssen es noch ausgesetzt sein wird.

Was Ihnen dieser Einschub sagen soll: Seien Sie nicht zu perfektionistisch! Sie wollen Ihren Kindern den bestmöglichen Start ins Leben ermöglichen, sonst hätten Sie diesen Ratgeber nicht gekauft. Und das ist wunderbar! Sie sollten sich aber nicht zu sehr unter Druck setzen, nicht alles, was Ihre Kinder betrifft, lässt sich von Ihnen beeinflussen. Viele Eltern haben das Bedürfnis, alles zu kontrollieren, was Einfluss auf ihren Nachwuchs haben könnte. Verabschieden Sie sich von dem Gedanken. Sie haben (und können es außerdem auch gar nicht!) nicht alles in Ihrer Hand.

Geben Sie Ihr Bestes, indem Sie die Hinweise aus diesem Ratgeber befolgen und vertrauen Sie dann darauf, dass Ihr Kind seinen oder ihren Weg schon gehen wird.

WIE MAN SICH WANN VERHALTEN SOLLTE: SINNVOLLE ERZIEHUNG ÄNDERT SICH MIT DEM ALTER IHRER KINDER

Wir haben zwar gelernt, dass die beiden besprochenen Theorien der Entwicklungspsychologie Schwächen aufweisen, aber dennoch einige interessante Schlussfolgerungen zulassen, auf denen die Praxistipps in diesem Kapitel aufbauen.

Eine der wichtigsten Erkenntnisse war, dass Kinder (und auch Erwachsene) sich während ihrer gesamten Lebensspanne weiterentwickeln und somit auch unterschiedliche Bedürfnisse in den verschiedenen Lebensphasen haben. Der erste Tipp ist also: Achten Sie auf die Bedürfnisse, die Ihr Kind in dem jeweiligen Alter hat und gehen Sie genau darauf ein. Ein Säugling benötigt einen komplett anderen Umgang als ein Teenager! Denken Sie an das Beispiel, dass ich schon zu Beginn des Ratgebers gegeben habe: Ein schreiendes Baby werden Sie intuitiv ganz anders behandeln wollen als einen schreienden Teenager. Und das ist auch richtig so! Verlassen Sie sich auf Ihren Instinkt.

Vor allem bei jüngeren Kindern ist es ganz einfach: Die Natur hat unsere Instinkte passgenau auf unseren Nachwuchs ausgerichtet. Sie ertragen es nicht, Ihr Kind weinen zu hören? Das ist genau richtig. Gehen Sie umgehend zu Ihrem Baby und kümmern sich um seine Bedürfnisse. Ignorieren Sie getrost Ratschläge der alten Schule wie „Schreien kräftigt die Lungen".

MAREIKE LOHFINK

WAS IST SINNVOLLE ERZIEHUNG DIREKT AM LEBENSANFANG? DAS ERSTE LEBENSJAHR UND SEINE HERAUSFORDERUNGEN

Im ersten Lebensjahr kommt es darauf an, dem Säugling ein größtmögliches Urvertrauen mit auf den Weg zu geben: Die Welt meint es gut mit dir, du kannst dich auf die Menschen in deinem Umfeld, auf deine Bezugspersonen verlassen. Wir sind immer bei dir, du bist geborgen und beschützt.

Wenn wir unseren Kindern diese Gefühle und Emotionen erfolgreich vermitteln, können sie ein gesundes Vertrauen in sich und die Welt entwickeln. Sie könnten jetzt denken: Ja, das stimmt schon. Aber wird ein Kind dann nicht verweichlicht und verhätschelt? Ist ein gesundes Misstrauen in gewisser Hinsicht nicht sogar gut? Die Welt ist schließlich kein Ponyhof und es gibt genügend Menschen, die es nicht gut mit anderen meinen.

Das stimmt schon. Aber denken Sie nicht auch, dass Kinder bzw. Erwachsene mit einem gesunden Selbstwertgefühl und Selbstvertrauen besser in der Lage sind, Konflikte und Krisen zu meistern als Menschen, die sich selbst nichts zutrauen und eine negative

Einstellung zur Welt haben? Eben. Also sorgen wir doch einfach alle dafür, dass unsere Kinder zu glücklichen Erwachsenen mit Standing werden. So wird die Welt auch zu einem besseren Ort.

Verlassen Sie sich im ersten Lebensjahr einfach auf Ihre Instinkte: Erfüllen Sie die Bedürfnisse Ihres Kindes so gut es geht. Natürlich, alle Eltern machen Fehler und auch Sie werden nicht immer sofort reagieren können. Aber auch das ist nicht weiter tragisch: So lernt Ihr Kind, dass Sie auch eigene Bedürfnisse haben, im Anschluss aber wieder direkt für ihn oder sie da sind. Ihr Sohn oder Ihre Tochter wird lernen, dass er oder sie sich auf Sie verlassen kann und mit einem positiven Selbst- und Weltbild in sein oder ihr Leben starten.

Klingt großartig? Ist es auch!

WENN AUS BABYS KINDER WERDEN: SO BÄNDIGEN SIE IHR KLEINKIND

Nach dem ersten Lebensjahr werden durch immer komplexer werdende Bedürfnisse bei Kleinkindern die Anforderungen an Sie als Elternteil gefühlt in den Himmel wachsen. Verzweifeln Sie nicht am sich nach und nach entwickelnden Willen Ihres Kindes – der folgende Abschnitt wird Ihnen hoffentlich dabei helfen.

In diesem Alter entwickeln Kinder immer mehr einen eigenen Willen, testen ihre Grenzen aus und testen damit die Festigkeit ihrer Beziehung zu ihren Bezugspersonen aus. Das Wichtigste zuerst: Geben Sie Ihrem Kind immer das Gefühl, dass Sie es lieben. Egal, was es im Eifer des Gefechts veranstaltet, die teure Vase, die nach einem Trotzanfall in Scherben auf dem Boden liegt, die Kratzer am Auto nach dem Laufradunfall oder was auch immer, bestrafen Sie Ihr Kind niemals mit Liebesentzug!

Setzen Sie Ihrem Kind bestimmt, aber liebevoll Grenzen. Seien Sie ein Begleiter beim Großwerden. Gehen Sie mit gutem Beispiel voran und bleiben Sie konsequent und immer ruhig und gelassen. Das klingt schwierig; Sie denken jetzt wahrscheinlich: „Hat die gut reden, die hat den letzten Wutanfall von Ben oder Hannah nicht mitbekommen!"

Aber es stimmt: Je ruhiger Sie bleiben, desto schneller wird Ihr Kind sich beruhigen lassen. Schreien und Gewalt verunsichern das Kind nur weiter. Ihr Kind möchte seine Grenzen austesten, das ist ganz normal. Es möchte Ihnen nicht wehtun, es möchte lediglich schauen, wie weit es gehen kann. Zeigen Sie Ihrem

Kind, dass Sie immer für ihn oder sie da sein werden. Mit dieser Gewissheit wird Ihr Kind gut durchs Leben kommen und sich zu einem neugierigen kleinen Weltentdecker entwickeln. Mit Mama und Papa als Rückendeckung lassen sich nämlich viel entspannter und selbstsicherer die ersten Schritte in die weite Welt machen. Wenn Sie Ihr Kind jetzt einschränken und ihm alles, was es interessiert, verbieten, wird sich das Gefühl einstellen, dass der Drang, Neues zu erkunden, etwas Schlechtes ist.

Aber Achtung: Bei gefährlichen Aktionen müssen Sie sofort und hart intervenieren. „Finger weg von der Steckdose!", können Sie gar nicht bestimmt und schnell genug durchsetzen. Bei Gefahr im Verzug ist Sicherheit die oberste und wichtigste Prämisse.

SPANNENDE ZEITEN BRECHEN HERAN: KINDERGARTENKINDER AUF DEN RICHTIGEN WEG BRINGEN

In der Kindergartenzeit entwickelt sich bei den kleinen Persönlichkeiten ein Rechts- und ein Unrechtsempfinden. Ein naheliegender Rat ist hier natürlich, dass Sie sich selbst vorbildlich verhalten. Verhalten Sie sich so, wie Sie es auch von Ihrem Kind erwarten. Merkt Ihr Kind, dass Sie gern die eine oder andere Notlüge benutzen, um aus der Bredouille zu kommen, wird es merken, dass man mit Lügen gut durchs Leben kommt und selbst damit anfangen. Eventuell sogar in größerem Maßstab, da es ja im Kleinen auch gut funktioniert. Vermeiden Sie dies also! Wenn Sie selbst beim Abwiegen von Gemüse im Supermarkt schummeln, wird Ihr Kind das Bewusstsein entwickeln, dass es völlig in Ordnung ist, nicht zu bezahlen.

Doch ebenso wichtig ist es, bei Vergehen Ihres Sohnes oder Ihrer Tochter ruhig zu bleiben, aufzuzeigen, was genau falsch gelaufen ist, dass so etwas nicht nochmal vorkommen darf und Ihrem Kind dennoch nichts nachzutragen und ihm oder ihr zu zeigen, dass Sie dennoch immer da sind.

Wenn Ihr Kind lernt, dass es bei Vergehen sofort und rabiat bestraft und beschämt wird, wird es sich in schwierigen Situationen nicht mehr an Sie wenden wollen. Dies kann das Vertrauensverhältnis nachhaltig beschädigen. Bitte vermeiden Sie das!

So legen Sie den Grundstein für einen soliden moralischen Kompass und ein gesundes Selbstwertgefühl bei Ihrem Kind.

ENTWICKLUNGSPSYCHOLOGIE

VON DER GRUNDSCHULE BIS ZUR PUBERTÄT: SO UNTERSTÜTZEN SIE IHR KIND IN DER SCHULZEIT

Der Schulbeginn ist der erste große Umbruch im Leben eines Kindes. Große Veränderungen kündigen sich an, die ersten Pflichten werden Kindern auferlegt und das Verhalten der Kinder wird von fremden Menschen beurteilt und verglichen.

Tipp Nummer 1: Geben Sie Ihrem Kind nie das Gefühl, dass Ihre Liebe von guten Leistungen und Noten abhängt. Seien Sie immer ein Begleiter und hören Sie bei allen Ängsten und Nöten zu. Seien Sie auf der Seite Ihres Kindes, aber reagieren Sie bei Kritik seitens der Lehrer und anderer Eltern vernünftig. Egal, wie sehr Sie Ihr Kind lieben: Ihr kleiner Engel wird sich bestimmt nicht immer einwandfrei verhalten. Wenn Sie dem Lehrer, der Kritik an Ihrem Kind äußert, dann in den Rücken fallen, untergraben Sie seine Autorität und zeigen Ihrem Sohn oder Ihrer Tochter, dass es völlig in Ordnung ist, sich nicht an Regeln zu halten und nur die eigenen Interessen zu vertreten. In der Gesellschaft, also auch in der Schule, gelten Regeln, an die sich auch Ihr Kind zu halten hat.

Wichtig ist außerdem, dass Sie Ihr Kind für gute Leistungen und Fleiß loben. Gute Leistungen sind nicht selbstverständlich und so bleibt Ihr Sohn oder Ihre Tochter motiviert. Bei Fehlleistungen sollten Sie aber auf keinen Fall auf Ihrem Kind herumhacken und es bestrafen. Finden Sie gemeinsam heraus, wo der Schuh drückt, und beheben Sie das Problem gemeinsam. Beschämen Sie Ihr Kind auf keinen Fall und begehen Sie auf keinen Fall eine der Todsünden der Erziehung: Vergleichen Sie Ihr Kind unter keinen Umständen mit anderen Kindern oder gar seinen Geschwistern. „Lisa hatte aber immer eine 1 in Mathe!", ist definitiv nicht hilfreich, beschädigt das Selbstwertgefühl Ihres Kindes und auch die Beziehungen zu anderen Kindern.

Achten Sie immer darauf, ob Ihr Kind überfordert oder unterfordert sein könnte, und fördern oder fordern Sie es dementsprechend. Entdecken Sie gemeinsam Hobbys oder Freizeitaktivitäten, die Ihr Kind gern ausprobieren möchte. Zwingen Sie Ihr Kind aber unter keinen Umständen zu etwas, auf das er oder sie keine Lust hat. Behalten Sie bitte im Hinterkopf, was Sie in einem früheren Kapitel gelernt haben: Unsere Talente und Fähigkeiten sind genetisch bestimmt. Wenn Ihr Kind partout keinen Gefallen am Klavierspielen findet, sollten Sie es nicht dazu zwingen. Wenn Ihr Kind nicht sonderlich musikalisch ist, werden Sie, egal was Sie tun, keinen kleinen Mozart „heranzüchten" können.

BEWÄHRUNGSPROBE FÜR HARTGESOTTENE: DIE PUBERTÄT UND IHRE FALLSTRICKE

Die Pubertät ist wahrscheinlich die Zeitspanne bei Kindern und Heranwachsenden, vor der Elternpaare den größten Respekt, ja, sogar die größte Angst haben.

Ich hoffe, Ihnen im nächsten Abschnitt die Angst etwas nehmen zu können und Ihnen hilfreiche Tipps geben zu können, wie Sie die Pubertät Ihrer Kinder souverän meistern und Ihrem Kind bei seinem Weg in das Erwachsenenleben mit Rat und Tat zur Seite stehen können. In der Pubertät geht es für Heranwachsende darum, herauszufinden, wer und wie sie sein wollen, welche Rolle in der Gesellschaft sie haben und was sie im Leben erreichen wollen. Stehen Sie Ihrem Sohn oder Ihrer Tochter mit Rat und Tat zur Seite, drängen Sie sich aber nicht auf. Lassen Sie Ihrem Kind den Freiraum, den es gerade braucht. Aber legen Sie dennoch gewisse Spielregeln fest: Schule ist Pflicht und verbotene Substanzen sind aus gutem Grund verboten.

Wenn Sie Ihrem Kind einen Vertrauensvorschuss geben, wird sich dies in den meisten Fällen auszahlen und Ihr Kind wird das Vertrauen nicht verspielen wollen. Schränken Sie Ihr Kind jedoch zu stark ein, führt dies zu Trotzreaktionen und er oder sie wird erst recht über die Stränge schlagen wollen.

Seien Sie bei (sehr wahrscheinlich) auftretenden Fehltritten nachsichtig. Solange Regelverstöße nicht gehäuft vorkommen, ist alles in Ordnung.

Versuchen Sie, von Ihrem Kind als Partner auf Augenhöhe wahrgenommen zu werden. Versuchen Sie aber bitte nicht, der beste Freund oder die beste Freundin sein zu wollen. Das würde sehr wahrscheinlich nach hinten losgehen. Gewähren Sie Ihrem Kind den Freiraum, den es braucht, und mischen Sie sich in bestimmte Entwicklungen nicht ein: Der oder die neue Freundin passt Ihnen nicht? Das ist wohl Ihr Problem und wenn Ihr Kind auf die Schnauze fällt, wird es daraus lernen. Seien Sie dann für Ihr Kind da und sparen Sie sich Kommentare wie „Das habe ich dir auch vorher schon gesagt!"

Versuchen Sie, immer für Ihr Kind ansprechbar zu sein und machen Sie Gesprächsangebote. Wenn Ihr Kind möchte, wird es dann von ganz allein auf Sie zukommen. Drängen Sie sich bitte nicht auf, das führt zu

Abschottung. Ganz wichtig ist es, dass Sie akzeptieren, dass Ihr Kind nun eigene Wege geht. Drängen Sie Ihr Kind nicht zu einem bestimmten Lebensweg. Nur, weil Sie glückliche Juristin sind, darf Ihr Kind trotzdem Sozialarbeiter werden. Und wenn der eingeschlagene Weg sich als Fehler erweist: Bieten Sie Unterstützung beim Neuanfang.

Sie werden sehen: Aus dem süßen Säugling ist eine erwachsene Frau oder ein erwachsener Mann geworden. Spannend, oder? Seien Sie stolz auf sich und auf Ihr Kind, Sie beide haben Großartiges geleistet!

ZU GUTER LETZT: WAS WIR GELERNT HABEN

Ich hoffe, dass Ihnen die Anregungen gefallen haben und dass Sie viele der Tipps in Ihrem Alltag anwenden können.

Denken Sie aber immer daran, dass das Leben nicht nach Lehrbuch verläuft und dass es immer wieder Krisen und Schwierigkeiten gibt, die gemeistert werden müssen. Wenn Sie sich an diesen Leitfaden halten, wird aus Ihrem Kind eine selbstständige und glückliche Person, die ihren Weg im Leben finden wird. Daran ändert auch die eine oder andere Krise nichts. Es läuft nie alles nach Plan, vergessen Sie das bitte nicht.

Im Großen und Ganzen war es das schon mit den Erziehungstipps in diesem Ratgeber. Wenn Sie gespannt sind, wie Sie die Erkenntnisse der Entwicklungspsychologie auch auf sich selbst als erwachsene Frau oder erwachsenen Mann anwenden können, dann lesen Sie gern noch das nächste Kapitel.

Es wird Ihnen gefallen, versprochen!

Wie haben Einflüsse der Entwicklungspsychologie mich geprägt?
Als Erwachsener Krisen besser meistern durch die Erkenntnisse der Entwicklungspsychologie

Lassen wir die Erziehungstipps für Kinder hinter uns und beschäftigen wir uns im nächsten Abschnitt mit den Erkenntnissen, die die Entwicklungspsychologie für uns Erwachsene bereithält. Seien Sie gespannt, es wird garantiert nicht langweilig!

MAREIKE LOHFINK

TIPPS FÜR ERWACHSENE IN EINEM ERZIEHUNGSRATGEBER? ERKENNTNISSE DER ENTWICKLUNGSPSYCHOLOGIE FÜR IHR EIGENES LEBEN

Eventuell fragen Sie sich jetzt, was Tipps für Erwachsene und ihr eigenes Leben in einem Erziehungsratgeber zu suchen haben?

Auch, wenn das letzte Kapitel sich mit Erziehungsfragen beschäftigt hat, so ist dieser Ratgeber doch kein wirklicher Erziehungsratgeber, sondern vielmehr ein Sachbuch, das sich umfassend mit der Entwicklungspsychologie beschäftigt. Und wenn wir bislang gelernt haben, dass sich der menschliche Geist das gesamte Leben über entwickelt, wieso sollten wir dann das gesamte Erwachsenenleben hintenüberfallen lassen

Also: Lassen Sie sich überraschen, wie die Entwicklungspsychologie auch Ihr eigenes Leben beeinflussen und zum Positiven verändern kann.

GIBT ES PHASEN IM ERWACHSENENLEBEN WIRKLICH? DAS KONZEPT DER LEBENSPHASEN SINNVOLL NUTZEN

Obwohl einige Entwicklungspsychologen (das Beispiel Jean Piaget können Sie gern weiter vorn noch einmal nachlesen) behaupten, dass die Entwicklung der menschlichen Psyche zum Ende der Pubertät abgeschlossen wird, wissen wir, dass diese Entwicklung bis zum Tod immer weiter voranschreitet: Eine Sechzigjährige weist ganz andere Denkmuster auf als eine 24 Jahre junge Frau.

Wir wollen uns im verbleibenden Teil des Ratgebers damit beschäftigen, welche Probleme in den verschiedenen Phasen des Erwachsenenlebens auftreten können, welche Gründe es dafür gibt und wie wir diese Probleme am besten bewältigen können.

Vielleicht werden Ihnen auch erst beim Lesen einige Konflikte in Ihrem bisherigen Leben auffallen, Sie werden sich angesprochen fühlen und im Nachhinein besser verstehen können, wieso genau passiert ist, was passiert ist. Ich hoffe, dass dieses Kapitel Ihnen dabei hilft, sich selbst und Ihr Umfeld besser verstehen zu

können und Sie ein neues Problem- und Problemlöse-
bewusstsein entwickeln können.

NICHTS WIE RAUS IN DIE WEITE WELT: STURM UND DRANG BIS ZUM 30. GEBURTSTAG

Gegen Ende des zweiten und Anfang des dritten Le-
bensjahrzehntes ist die Pubertät abgeschlossen und wir
Menschen lassen unsere Kindheit endgültig hinter uns.
Aufregende Zeiten liegen hinter uns und aufregende
Zeiten stehen uns bevor.

Viele Menschen haben sich zum Ziel gesetzt, in
den Zwanzigern ihren Platz in der Welt zu finden: Eine
Ausbildung oder ein Studium abschließen, den Partner
fürs Leben finden und das erste Kind bekommen. So
sieht für viele Menschen, insbesondere für Frauen, denen die Biologie beim Thema Kinderwunsch engere
Grenzen setzt als Männern, der Plan bis zum 30. Geburtstag aus.

Wir sollten uns bewusst machen, dass das Leben
nicht immer nach Plan verläuft und uns von dem Gedanken verabschieden, alles ganz genau planen zu
können. Auch, wenn wir einen starken gesellschaftli-
chen Druck verspüren, sollten wir uns von diesen

Vorstellungen befreien. Man kann sich noch jenseits der 30 fest binden, Kinder bekommen und seinen Traumjob antreten. Umbrüche gehören im Leben dazu. Nur, weil das gesellschaftliche Ideal (noch) genau diese Reihenfolge an Lebensereignissen bis zum 30. Geburtstag vorsieht, müssen wir uns dem nicht beugen. Und auch, wenn bestimmte dieser Ideale uns überhaupt nicht ansprechen, so sollten wir uns nicht verpflichtet fühlen, sie dennoch zu erfüllen. Sie müssen keine Kinder bekommen, wenn Sie es nicht wollen. Wenn Sie nicht heiraten wollen: Lassen Sie es! Wenn Sie sich beruflich noch nicht festlegen wollen: Ihre Entscheidung!

Und auch, wenn wir diese Ziele gern erreichen wollen, und zwar genau jetzt und keinen Moment später, und wenn es so aussieht, als hätten alle in unserem Umfeld diese Ziele erreicht und genau das perfekte Leben, das wir auch gern hätten oder als würde Instagram uns zumindest das weismachen wollen: Denken Sie wirklich, das Leben der anderen sei perfekt? Wenn Sie sich einsam fühlen, weil alle anderen einen Partner haben, nur Sie nicht: Denken Sie daran, dass Sie Ihr nächstes Urlaubsziel ganz allein bestimmen dürfen, dass Sie keine Regeln und Grenzen haben, dass Sie sich ausleben können. Wenn Sie gern ein Kind hätten, aber noch keines haben oder keines bekommen können:

Denken Sie an die schlaflosen Nächte, die Kinder bereiten können, und genießen Sie die Vorzüge, die Ihr Leben zu bieten hat.

Durch die starren Erwartungen der Gesellschaft wird bei jungen Menschen viel Druck erzeugt. Befreien Sie sich davon! Löschen Sie zur Not auch soziale Medien wie Instagram und Facebook: Das, was dort gezeigt wird, ist nicht die echte Welt. Dieser Druck kann so vieles kaputt machen, sich langfristig aufstauen und so zu einem unglücklichen Leben führen. Wenn Ihnen jetzt erst bewusst wird, wie hoch dieser Druck auf Sie ist: Nehmen Sie sich eine Auszeit, entwickeln Sie neue Perspektiven. Und denken Sie immer daran: Sie sind niemandem außer sich selbst Rechenschaft schuldig. Wenn Sie einen eher unkonventionellen Lebensweg einschlagen wollen, dann tun Sie dies. Und wenn Sie das Gefühl haben, dass Sie gerade unglücklich sind, dann schließen Sie sich nicht im stillen Kämmerlein ein, sondern suchen Sie sich neue Lebensperspektiven!

DIE RUSHHOUR DES LEBENS: DIE MITTE DES LEBENS SINNVOLL UND ERFÜLLT NUTZEN

Wenn wir den 30. Geburtstag hinter uns gebracht haben, erwartet die Gesellschaft in vielen Fällen, dass wir eine gesicherte Position in ihr innehaben, wissen, wer wir sind und was wir wollen, und die nächsten Jahre und Jahrzehnte damit verbringen, voranzukommen, etwas aufzubauen und uns mit dem Sinn unseres Lebens zu beschäftigen.

Da fängt es schon an, schwierig zu werden? Was genau ist denn der Sinn des Lebens? Diese Frage muss jeder für sich selbst beantworten. Und wenn man es nicht kann? Können Sie diese Frage aus dem Stegreif beantworten? Ich spontan ehrlich gesagt nicht.

Was auch immer für einen Lebensweg Sie eingeschlagen haben, ob Sie Kinder und Familie haben oder nicht, ob Sie Karrieremensch sind oder nicht, ob Sie sich sozial engagieren oder nicht, machen Sie das, was Sie glücklich macht. Niemandem ist damit geholfen, wenn Sie anderen zuliebe oder um jemandem zu gefallen, etwas tun, das Sie selbst nicht glücklich macht.

Und auch, wenn Sie voll in einer Aufgabe aufgehen, sei es im Ehrenamt, im Job oder in der Familie, vergessen Sie sich selbst nicht. Sie selbst sind immer noch der wichtigste Mensch in Ihrem Leben. Geht es Ihnen nicht gut, können Sie langfristig gesehen Ihren Rollen auch nicht gerecht werden. Als Beispiel: Wenn Sie voll in Ihrer Rolle als Mutter aufgehen, alles andere vernachlässigen, auch sich selbst, was bleibt Ihnen dann, wenn Ihre Kinder aus dem Haus sind? Oder wenn Sie in der Kirchengemeinde aktiv sind, für jeden ein offenes Ohr haben und dann aufgrund einer Strukturänderung Ihre Funktion überflüssig sein wird?

Sie merken selbst: Egal, was Sie tun, bleiben Sie sich selbst treu und kümmern Sie sich in regelmäßigen Abständen um sich selbst. So werden Sie langfristig glücklich werden und bleiben. Die Basis für ein erfülltes und zufriedenes Leben sind immer Sie selbst!

In diesem Lebensabschnitt kann es auch zu schwerwiegenden Veränderungen kommen, denen Sie sich im Zweifelsfall nicht entziehen können: Sei es eine Scheidung oder Trennung, Arbeitslosigkeit, der Verlust eines Elternteils oder eine schwere Krankheit.

Stellen Sie sich diesen Herausforderungen! So abgedroschen dies klingen mag, aber aus jedem bewältigten Konflikt können Sie gestärkt herausgehen. Die Scheidung ist vielleicht das Ende einer zerrütteten Beziehung. Dann wäre doch jetzt der optimale Zeitpunkt für einen Neustart! Machen Sie das Beste daraus und geben Sie dem Leben eine neue Chance. Sie haben noch so viel Zeit! Bei der Arbeitslosigkeit verhält es sich ähnlich: Sie finden bestimmt eine neue Arbeitsstelle, die Sie noch viel glücklicher macht. Vielleicht ist auch ein netter Gehaltszuwachs drin? Jeder Neuanfang bietet großartige Möglichkeiten. Hören Sie auf Ihr Herz und werden Sie so langfristig glücklich.

AUF ZU NEUEN UFERN: WAS DAS RENTENALTER FÜR SIE BEREITHÄLT UND WIE SIE DEN GOLDENEN HERBST DES LEBENS ZU EINEM ZWEITEN FRÜHLING MACHEN

Wie wir gemeinsam erfahren haben, ist die große Kunst eines glücklichen und erfüllten Lebensabends, zufrieden auf das zu blicken, was man bisher erreicht hat. Wenn Sie zufrieden damit sind, was Sie bisher in Ihrem Leben gemacht haben, nur wenige Entscheidungen bereuen und mit einem Lächeln im Gesicht auf das, was war, zurückblicken können, dann haben Sie es geschafft. Herzlichen Glückwunsch! Eigentlich können Sie an dieser Stelle aufhören zu lesen.

Wahrscheinlich gibt es aber einige Dinge in Ihrem Leben, mit denen Sie hadern. Die Sie eigentlich gern anders gemacht hätten, es in der Situation aber nicht konnten, wollten oder durften. Ihre Gedanken kreisen immer wieder um diese Situationen, Sie können das nicht abstellen und fragen sich bewusst oder unbewusst, warum die Dinge sind, wie sie eben sind.

Wir würden es uns zu einfach machen, wenn wir jetzt einfach sagen würden: *„Na ja, was geschehen ist, ist nun einmal geschehen. Können wir nicht ändern! Gucken wir einfach nach vorn!"* Das wäre nämlich deutlich leichter gesagt als getan.

Das Ziel sollte es also sein, einen Weg zu finden, etwas Positives aus dem, was bisher geschehen und eventuell schiefgelaufen ist, zu ziehen und daraus Kraft zu ziehen. Sie müssen sich aktiv mit dem versöhnen, was anders hätte laufen können.

Nehmen Sie eines der Erlebnisse, die Sie belasten. Stellen Sie es sich bildlich vor und überlegen Sie, was für positive Seiten es hatte und auch noch hat. Das Beispiel mit der Scheidung, ein Kapitel weiter vorn, können wir hier wieder aufgreifen: Ja, eventuell sind Sie jetzt in keiner festen Partnerschaft, Ihnen fehlt die Nähe und Sie hätten sich gern mit Ihrem Ex-Ehepartner im Alter an der Nordsee niedergelassen.

Bedenken Sie dabei, dass Sie dafür seit vielen Jahren Ihre Freiheit genießen, tun und lassen können, was Sie wollen, und Ihr Leben ganz nach Ihren Vorstellungen gestalten können.

Was für einen Nutzen ziehen Sie daraus, Ihre Gedanken immer noch um die gescheiterte Ehe kreisen zu lassen? Blicken Sie nach vorn und machen Sie sich frei davon. Denken Sie jedes Mal, wenn Sie sich bei dem Gedanken an die gescheiterte Partnerschaft erwischen, daran, was Sie an der Beziehung gestört hat. Welche Vorteile Sie jetzt haben. Wenn Sie das ein paar Mal geübt haben, wird es immer einfacher. Glauben Sie mir!

Halten Sie sich außerdem immer vor Augen, worauf Sie stolz sein können. Jeder in Ihrem Alter hat Dinge, auf die er stolz sein kann.

Trauern Sie der Vergangenheit nicht nach, sondern fragen Sie sich, wie Sie Ihre Zukunft gestalten können. Es liegt noch Zeit vor Ihnen, nutzen Sie sie, freuen Sie sich auf sie. Fangen Sie noch heute damit an und schaffen Sie Erinnerungen, auf die Sie stolz sein können. Sie schaffen das, es ist nie zu spät. Sie können die letzten Jahre Ihres Lebens zu den schönsten Jahren Ihres Lebens machen!

WAS NEHMEN WIR MIT?
AUSBLICK UND GUTE WÜNSCHE

In diesem Kapitel haben wir uns gemeinsam angeschaut, welche Fallstricke es in den verschiedenen Phasen des Erwachsenenlebens geben kann, wie wir diese umgehen oder mit ihnen umgehen können. Ich hoffe, Sie haben das Rüstzeug erhalten, mit Krisen umgehen zu können und selbstbewusst auf Ihr eigenes Leben blicken zu können.

Denken Sie immer daran: Kein Leben ist zu 100 % perfekt. Lassen Sie sich nicht von der Gesellschaft einreden, ein Lebensweg sei besser als ein anderer. Das Wichtigste im Leben ist doch, dass Sie selbst glücklich sind. Lassen Sie sich dieses Glück nicht verbauen. Und wenn Sie das Gefühl haben, versagt zu haben und gerade unglücklich zu sein: Es ist nie zu spät, etwas daran zu ändern. Finden Sie Ihren eigenen Weg, lassen Sie sich von niemandem vorschreiben, wie Sie Ihr Leben zu leben haben. Machen Sie Ihr Glück nicht von anderen abhängig. Und lernen Sie aus Fehlern! Sie können stolz darauf sein, wenn Sie etwas Negativem etwas Positives abgewinnen können.

Wenn Sie das Gefühl haben, nicht selbstsicher genug zu sein, nicht liebenswürdig zu sein oder was auch immer: Lassen Sie diese Gedanken nicht zu und arbeiten Sie gezielt daran, sie zu vertreiben. Im Zweifelsfall hilft sicherlich auch ein professionelles Coaching, dafür müssen Sie sich nicht schämen.

Ich hoffe, dass Sie ganz tief verinnerlichen, dass Sie wissen, dass Sie gut genug sind, dass Sie sich niemandem beweisen müssen, dass Sie die Kraft haben, Krisen zu meistern. Sehen Sie sie als Chance!

War es das schon? Abschließende Worte zum Schluss

Ich wünsche Ihnen von Herzen, dass Sie in diesem Ratgeber Antworten auf für Sie wichtige Fragen gefunden haben, dass Sie in Ihrem Alltag von den Tipps und Ratschlägen profitieren und glücklich und gelassen durch Ihr Leben gehen. Vielleicht haben Sie die eine oder andere Anregung auch bereits beherzigt und erste Erfolge feststellen können, umso besser!

Ich bitte Sie aber darum, dass Sie beachten, dass in diesem Ratgeber keine Patentrezepte vorgestellt worden sind. Vielleicht klappt das eine oder andere nicht direkt auf Anhieb oder aber nur leicht abgewandelt. Jeder Mensch ist individuell und vor allem Kinder sind so verschiedene Charaktere, dass es auch gar keine Patentrezepte geben kann.

Eventuell haben Sie durch diesen Ratgeber aber auch erst problematisches Verhalten identifizieren können. Fühlen Sie sich dadurch nicht auf den Schlips getreten oder kritisiert. Wir alle sind Menschen und wir alle machen Fehler. Niemand ist perfekt und allein die Tatsache, dass Sie sich mit diesem Ratgeber beschäftigt haben, zeigt doch, dass Sie den Willen haben, sich zu verbessern. Darüber freue ich mich persönlich.

Vielleicht hat die eine oder andere Forschungsfrage Sie auch so sehr interessiert, dass Sie gern tiefer in die Materie einsteigen und recherchieren wollen. Nur zu!

Ich wünsche Ihnen und Ihren Kindern ein glückliches und erfolgreiches Leben und dass Sie an Ihrem Lebensabend wohlwollend und mit einem Lächeln im Gesicht auf alles Gewesene zurückblicken können.

Einen schönen Tag noch!

Herstellung und Verlag:

BoD – Books on Demand, Norderstedt

ISBN: 9783754311769

© Mareike Lohfink 2021

1. Auflage

Kontakt: Psiana eCom UG/ Berumer Str. 44/ 26844 Jemgum

Covergestaltung: Fenna Larsson

Coverfoto: depositphotos.com

FSC
www.fsc.org

MIX

Papier aus ver-
antwortungsvollen
Quellen
Paper from
responsible sources

FSC® C105338